QUELQUES MOTS ENCORE

*Sur la résolution du 26 pluviose an 7,
relative à la successibilité de la République,
du chef des émigrés, et au partage anticipé
des biens de leurs ascendans,*

PAR UN MEMBRE DU CONSEIL DES CINQ - CENTS.

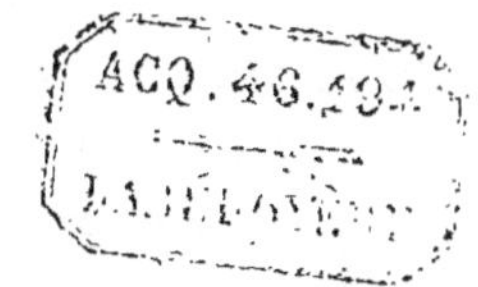

———————

Les mêmes motifs qui déterminèrent le rejet de la résolution du 23 frimaire dernier détermineront aussi sans doute celui de la résolution du 26 pluviose ; car les vices que le Conseil des Anciens signala dans la première n'ont été réformés *qu'à demi* dans la seconde.

D'ailleurs il s'y en est introduit de nouveaux, dont il n'importe pas moins de la purger.

L'intérêt des finances ne s'oppose pas à la salutaire lenteur d'un second rejet. Les partages des ascendans d'émigrés s'exécutent avec rapidité en vertu des lois existantes, et, par la seule impulsion des circonstances ; les ventes des parts *échues* à la nation, et qui lui échoient chaque jour, sont en pleine *activité* ; les nouvelles mesures proposées par la résolution seroient beaucoup moins *expéditives* que celles qui se pratiquent avec un succès éprouvé : elles ne serviroient donc qu'à ralentir les opérations, et voilà le pire de

A

tous les maux pour le trésor public. Cet inconvénient majeur ne seroit pas racheté par la *bonification imperceptible* des parts destinées à la République par la nouvelle résolution. Concluons que l'introduction du nouveau système n'a rien d'urgent, et, par une suite, que la résolution qui le propose doit être examinée avec la *maturité*, et jugée avec la *sévérité* qu'exige la discussion de toutes les lois, quand on veut qu'elles soient bonnes.

Je passe néanmoins sans m'arrêter sur le rétablissement de la *successibilité* nationale, du chef des émigrés, en *ligne collatérale*, quoiqu'il me paroisse toujours impolitique, dangereux pour le crédit public et pour le crédit privé, tracassier et *infructueux*.

Je passe également sur l'*absurdité* qu'il y a à *évoquer les ombres* des émigrés qui ont péri en France sous la foudre de la loi en vertu de jugemens de condamnation à mort, pour les faire succéder au profit de la République.

Je passe enfin sur les défectuosités de rédaction qui fourmillent dans la résolution, en rendent plusieurs articles inintelligibles, préparent des résistances incalculables, des procès sans fin à la République, et des réclamations sans nombre auprès du Corps législatif, pour lui demander ce qu'il a voulu dire, sur-tout dans les articles II, III, IV, XIV, XLVIII, XLIX, qu'il est aussi difficile de concilier ensemble que d'entendre.

Mais j'appelle l'attention la plus sérieuse des législateurs sur le sort que cette résolution prépare aux créanciers des successions *divisibles* avec la République, sur le déni absolu de justice qu'éprouvent la plupart d'entre eux, et sur l'inquiétude à laquelle on les livre tous.

Je l'appelle encore sur l'agitation générale qui naîtroit des inconséquences, des contradictions et des réticences d'une résolution *avortée*, si elle étoit convertie en loi.

Et d'abord je m'arrête à l'article IV. Je suppose que le sens de cet article, fort difficile à deviner, soit de décider que la nation a droit de rechercher les successions collatérales échues dans les familles des émigrés depuis la loi du 9 floréal an 3 ; qu'il faille en déposséder les héritiers du sang qui en avoient été investis par la renonciation de la République insérée dans l'article XXV de la loi citée ; et je demande si l'on prétendra déposséder aussi les tiers-acquéreurs *de bonne foi*, à qui les héritiers du sang ont transmis les biens de ces successions? Ils résisteront : il faudra sans doute recourir aux tribunaux pour vider les *débats* ; et comment les videront - ils ? Révoqueront - ils des acquisitions faites sous *la foi publique?* donneront-ils à l'application de la nouvelle loi un effet *rétroactif* sur le passé envers des tiers ? Il est permis d'en douter; et le *présent* que fait la résolution au trésor public du droit d'inquiéter ces acquéreurs pourroit bien n'être que le legs d'une foule de mauvais procès.

Je viens aux articles V et VI. Les inconséquences les plus alarmantes pour les créanciers s'y manifestent. La première, l'une des plus frappantes, est la différence mise par ces articles entre les créanciers des successions *échues avant le 9 floréal*, et ceux des successions qui ne sont *échues que depuis*, ou qui s'ouvriront par la suite. On renvoie *les premiers* à se faire liquider comme *créanciers directs* de la nation, à recevoir les deux tiers de leurs créances en bons *mobilisés*, et à s'inscrire sur le grand livre pour l'autre tiers. Tandis que les créanciers des successions échues depuis le 9 floréal seront payés comme créanciers des successions, sur leur gage et en valeurs *réelles*. Pourquoi, lorsque le gage spécial des uns et des autres reste également intact ; pourquoi, lorsque leurs droits respectifs sur ces gages sont absolument identiques , leur sort seroit-il cependant si prodigieusement diversifié ? Est-ce que la constitution ne diroit plus que la loi doit être égale pour tous , ou bien voudroit-on se faire un jeu de ce qu'elle dit ?

C'est bien mal justifier une violation si choquante des premières notions du juste, que d'en appeler à la loi du premier floréal an 3 , par laquelle les créanciers des successions échues aux émigrés furent mis sur la même ligne que leurs créanciers *directs* : puisqu'il est *reconnu* que cette loi est injuste en **ce** point dans son principe ; puisque la résolution *l'abolit* en ce qui touche les créanciers des successions échues depuis le 9 floréal an 3 , auxquels elle étoit commune, ainsi qu'on peut le voir dans l'article XCVI, devoit-on hésiter *à l'abolir* de même à l'égard des créanciers des successions *échues antérieurement* ? Le Corps législatif peut-il avoir deux poids et deux mesures pour des cas semblables ?

Il n'y a ni moins d'inconséquence ni moins d'injustice dans la distinction établie par les mêmes articles entre les créanciers des successions *déja partagées*, et ceux des successions *encore indivises*. La résolution n'accorde aux créanciers l'avantage d'être payés sur les *biens* de la succession débitrice que dans deux cas.

Le premier est *le cas où le partage avec la République n'en seroit pas effectué.*

Le second *est le cas où les biens ne seroient pas encore vendus , si la République est seule héritière.*

Quant aux créanciers des successions *dont le partage seroit effectué*, la résolution les a oubliés ; conséquemment ils ne sont point appelés à jouir de l'avantage d'être payés sur les biens qui sont leur gage , quoique *ceux échus* à la République pour son lot *ne soient pas vendus encore.*

On ne niera pas , j'espère , l'impossibilité de justifier ce *déni de justice* fait aux créanciers des successions *déja partagées* ; car la circonstance de *l'indivis subsistant*, ou du *partage exécuté*, ne change ni *la qualité des créances*, ni *la nature du gage*, ni *son affectation*.

Encore une troisième inconséquence dans l'article V de la résolution, en ce qu'il n'assure le paiement sur les successions *à venir*, comme sur les successions *ouvertes en ligne directe*, qu'aux *seuls* créanciers dont les titres avoient acquis une date certaine, antérieurement au premier février 1793, ou antérieurement à l'émigration. Par là les ascendans d'émigrés , avec lesquels la République a fait ou fera partage *anticipé*, resteront frappés d'interdiction , réduits à l'impuissance de contracter des dettes ou des obligations après le partage comme avant , ce qui met évidemment l'article en contradiction avec le quarante-huitième de la même résolution, qui confère à l'ascendant, *après le partage opéré*, *la libre disposition* des biens qui lui auront été attribués.

On répondra sans doute que l'article V ne s'applique nullement aux dettes établies sur les biens soumis au partage anticipé. Je veux le croire ; mais il falloit donc s'en expliquer ; car une loi n'est jamais bonne, si ses réticences en font une énigme à résoudre , un glaive à deux tranchans.

Ce n'est pas tout : en admettant que l'article ne s'applique pas aux dettes créées après partage sur les biens de l'ascendant qui y auront été soumis, il ne cessera pas d'être injuste et inconséquent ; car il s'applique bien au moins à deux autres classes de créanciers des ascendans d'émigrés ; savoir , aux dettes établies *par les anciens propriétaires* après le premier février 1793 :

1°. Sur les biens *acquis* à l'ascendant d'émigré depuis cette époque par *succession collatérale*.

2°. Sur les biens qui lui écherront par la suite au même titre.

La *successibilité* de la République doit s'exercer sur les biens des successions *collatérales accrues* au patrimoine de l'ascendant; lorsque les créanciers des *précédens propriétaires*, devenus ceux de l'ascendant qui a succédé au débiteur primitif, seront payés en valeurs *réelles?* La résolution répond : Ceux - là *seuls* dont le titre se trouvera antérieur au premier février 1793 ou à l'émigration.

Certes, voilà une étrange manière de faire justice aux créanciers *des successions recueillies par des ascendans d'émigrés !*

Supposons un émigré qui ait en France son père et un oncle. Le père fait partage ; un mois après l'oncle meurt : voilà le père qui succède. L'oncle avoit de nombreux créanciers la plupart récens , et tous sans défiance. Faudra-t-il qu'ils perdent leurs créances , postérieures au premier février 1793 , eux créanciers d'un collatéral à qui aucune loi n'avoit lié les mains, et cela uniquement parce que leur débiteur aura eu pour héritier le père d'un émigré ? Oui certainement il faudra qu'ils perdent leurs créances, d'après le texte de l'article cité , malgré que l'article suivant donne les plus belles assurances de sécurité aux créanciers des parens collatéraux de l'émigré. Le même sort attend aussi les créanciers des successions *collatérales* échues aux ascendans d'émigrés depuis l'émigration de leurs enfans, et recueillies avant leur partage avec la République. Concilie qui pourra des contradictions si bizarres !

Sur les articles VII , VIII et IX.

Le délai accordé par ces articles aux créanciers des ascendans d'émigrés pour se présenter et déposer leurs titres n'est que d'un mois, tandis que celui qui est accordé aux créanciers des parens collatéraux des émigrés est de quatre mois. Explique qui pourra pourquoi et comment l'une de ces deux classes de créanciers doit être plus *alerte* et plus *expéditive* que l'autre.

Explique encore qui pourra comment le délai court *du jour du séquestre*, et avant la publication qui doit en être faite par affiches, d'après l'article IX.

Sur les articles XI et XII.

Le mode de paiement établi par ces articles est loin d'être rassurant pour les créanciers. Ils seront *payés*, y est-il dit, *sur ordonnances des administrations, en valeurs réelles*.

Qu'est-ce que cela signifie, et quelle sera la caisse qui les paiera ?

Comment seront-ils payés en valeurs *réelles* sur les prix des ventes de maisons et d'usines, qui doivent s'acquitter en *bons mobilisés* de la dette publique ?

En second lieu, on n'a pourvu en cet endroit, comme aux articles V et VI, qu'au paiement des créanciers des successions encore *indivises*, et de celles qui ont été recueillies par la République seule. Quant aux créanciers des successions dont le partage est fait, quoique les biens soient encore invendus, on les a laissés à l'écart : cependant pourquoi ces derniers seroient-ils de pire condition que les premiers ?

Sur les articles XXIV et XXV.

La *confiscation générale* prononcée par ces articles contre l'ascendant d'émigré qui n'aura pas fait la déclaration et provoqué le partage de ses biens *dans le délai d'un mois* est une de ces mesures *exagérées* qui ne servent que la malveillance. Elle ne manqueroit pas de s'en emparer, pour faire croire que les épouvantables temps de Robespierre sont revenus.

Sur l'article XXIX.

Le résultat nécessaire de la triple estimation ordonnée par cet article doit être que le *minimum* des estimations des biens ruraux seroit toujours de vingt fois le revenu, et que souvent elles seroient portées à quarante fois : par exemple, lorsque les experts calculeroient le revenu net à quatre fois la contribution foncière ; car il n'est pas rare que la contribution foncière emporte la moitié du *revenu*.

De là une exagération de moitié au moins, et souvent des trois quarts, dans les évaluations ; car il est vérifié par le taux des prix des ventes des domaines nationaux faites pendant les mois de *nivose et pluviose dernier*, que leur valeur *vénale* n'excéde pas dix fois le revenu net.

Cette exagération seroit cependant indifférente pour l'opération du partage des biens dont les lots seront distribués par le sort ; mais quelles injustices n'entraîneroit-elle pas, à l'égard des biens prélevés sur la masse, pour l'acquittement des créanciers ? Les copartageans à qui le délaissement en seroit fait en vertu des art. XII, XIII et XL de la résolution, à la charge de payer les dettes, jusqu'à concurrence du montant de l'estimation, perdroient moitié ou davantage en acceptant l'abandon : là où ils recevroient 10 en valeur *vénale*, ils auroient 20 ou 30 à payer ; ils n'hésiteroient pas à refuser, et la perte retomberoit alors sur les créanciers. Voilà où conduisent des mesures forcées.

Sur l'article XLII.

N'y a-t-il pas une grande dérision à dire avec cet

article au copartageant : Chargez - vous des rentes viagères : la nation est généreuse , si elles sont sur une tête de cinquante ans et au dessus , elle vous abandonnera des fonds en valeur capitale de cinq années de la rente à servir ; bien entendu que l'estimation des fonds sera faite à un taux double ou triple de leur *valeur vénale.*

Sur l'article XLIV.

Il est bien étrange que l'ascendant d'émigré , dont tout l'avoir consiste en rentes viagères ou en usufruits qui doivent s'éteindre avec lui , soit obligé d'en donner une portion à la République , à titre de partage anticipé de sa succession. Partager , à titre héréditaire , des usufruits qui *périssent* au moment où la succession s'ouvre , et ne passent point aux héritiers , certes , c'est donner au droit de *successibilité* des attributions dont l'idée est neuve.

Sur l'article XLVI.

Pour le coup , chacun s'écriera, *fiat lux*. L'article porte : « Lorsqu'un émigré aura reçu , à titre de dona-
» tion entre-vifs ou par institution contractuelle , dans
» les cas prévus par l'article premier de la loi du 18
» pluviose an 5, des valeurs supérieures à la portion
» lui revenant par le partage , l'administration s'en
» tiendra à la donation ou à l'institution. »
Quand on a lu , on se demande ce que c'est que s'en tenir à une *institution* contractuelle dans le partage de la succession de l'instituant, avant qu'il meure ? Est-ce renoncer au partage anticipé par portions *égales* pour *recueillir davantage* lorsque l'institution prendra effet par le décès de l'instituant ? Est - ce prendre dès à présent et *par anticipation* la part avantageuse assurée

à l'émigré institué ? Dans ce cas, la part avantageuse sera-t-elle prise toute entière et sans partage par la République, du vivant de l'instituant, sans lui abandonner aucune portion en indemnité de la privation de sa jouissance viagère ? Le condamnera-t-on, en un mot, à mourir de faim, parce qu'il aura *institué* son fils émigré son héritier contractuel universel ? Questions insolubles pour tout autre que le législateur.

D'un autre côté, l'article parle de l'institution faite en faveur de l'émigré, et veut que la République en recueille l'avantage *par réciprocité ;* il devoit parler aussi de l'institution faite au préjudice de l'émigré, qu'elle avoit réduit à une légitime de rigueur. La République, dans ce cas, aura-t-elle autre chose que cette légitime à réclamer ? Qui pourra résoudre encore cette seconde question, si ce n'est le législateur ?

Sur l'article XLVII.

« L'article veut qu'il ne soit donné aucune suite aux » partages commencés, si l'ascendant est décédé ou » vient à décéder avant l'arrêté définitif de partage. »

Qu'à l'avenir les partages commencés et non consommés du vivant de l'ascendant ne puissent pas être continués avec les héritiers, cela est rigoureux et fort peu juste ; cependant cela se conçoit. Mais ce qui ne se concevroit pas, ce seroit que les partages provoqués par les ascendans d'émigrés, en vertu de la loi du 20 floréal an 4, et consommés avec leurs héritiers, avant la publication de la résolution proposée, pussent être considérés comme non avenus ; tandis qu'une lettre circulaire du ministre des finances, envoyée à toutes les administrations centrales en prairial an 6, en avoit prescrit la consommation. Le droit acquis à la famille par sa soumission à la loi pourroit-il donc être rétracté ?

Sur l'article *XLVIII.*

L'article donne à l'ascendant d'émigré, après partage, « la libre disposition de tous les objets qui lui » seront abandonnés, tant pour le prélèvement et le » montant de ses dettes passives, que pour sa portion » dans le surplus de ses biens, et celle de ses enfans » non émigrés. »

Mais si cet ascendant meurt sans avoir disposé, la République viendra-t-elle à nouveau partage avec les autres enfans, en *précomptant* ce qu'elle aura pris au premier partage ? Si l'emigré étoit fils unique, la République exclura-t-elle ses enfans de la succession de leur aïeul, et la recueillera-t-elle en entier ? Le rapporteur de la commission des Cinq-Cents a déclaré à qui à voulu l'entendre, que l'esprit de la loi est d'abandonner sans retour à la famille les biens échus à l'ascendant par le partage anticipé de son patrimoine : mais une disposition si essentielle au repos des familles ne devoit pas être retenue par le rapporteur *in petto*; elle devoit être consignée et nettement exprimée dans la loi.

Il resteroit bien d'autres observations critiques à présenter sur un projet de résolution où tout est défectueux, principes et rédaction ; mais il faut en finir, et en voilà assez sans doute pour réunir tous les suffrages au parti du rejet.

B A U D O U I N, Imprimeur du Corps législatif, place du Carrousel, n°. 662.